BARREAU DE PARIS

LE
Procès des Ministres
DE CHARLES X

DISCOURS

PRONONCÉ

PAR

Léon DE LANZAC DE LABORIE

AVOCAT A LA COUR D'APPEL

A l'ouverture de la Conférence

Le 21 Novembre 1887

IMPRIMÉ AUX FRAIS DE L'ORDRE

PARIS

ALCAN-LÉVY, IMPRIMEUR DE L'ORDRE DES AVOCATS

24, rue Chauchat, 24

1887

LE
PROCÈS DES MINISTRES

DE

CHARLES X

LE

Procès des Ministres

DE CHARLES X

DISCOURS

PRONONCÉ

PAR

Léon DE LANZAC DE LABORIE

AVOCAT A LA COUR D'APPEL

A l'ouverture de la Conférence

Le 21 Novembre 1887

IMPRIMÉ AUX FRAIS DE L'ORDRE

PARIS

ALCAN-LÉVY, IMPRIMEUR DE L'ORDRE DES AVOCATS

24, rue Chauchat, 24

1887

LE

PROCÈS DES MINISTRES

DE

CHARLES X

———

Monsieur le Batonnier,

Messieurs et chers Confrères,

Le sujet que j'ai l'honneur de traiter devant vous mérite à bien des égards de fixer votre attention. Le rang des accusés, la gravité des charges alléguées contre eux, le talent déployé de part et d'autre, l'imposante dignité du tribunal, l'anxiété avec laquelle la décision était attendue, tout concourt à faire du procès des derniers ministres de Charles X un des principaux épisodes de notre histoire constitutionnelle et judiciaire. J'ajoute que c'est la seule occasion, depuis l'établissement en France du régime parlementaire, où la Chambre des députés, usant d'une de ses plus importantes prérogatives, ait décrété et poursuivi l'accusation des détenteurs du pouvoir exécutif ; pour trouver une autre cause semblable, il faudrait passer le détroit et évoquer les grands souvenirs qui se rattachent aux noms de Strafford et de Warren Hastings.

Le Conseil de notre Ordre n'avait pourtant pas cru jusqu'ici devoir confier cette tâche à l'un de nos aînés, et vous apercevez clairement les motifs de sa réserve. Les procès politiques ne sont jugés en dernier ressort que par l'histoire, et auparavant les partis les plaident longtemps. Lorsque surtout ils ont été intentés au lendemain d'une révolution, les vaincus ne manquent pas d'y dénoncer l'abus de la force. En abordant un tel récit devant vous, on risquait de mécontenter les uns, d'indigner les autres, de faire appel en tout cas à des sentiments que nous sommes libres de professer, mais qui, ici, doivent s'effacer devant le respect de la justice et le culte de la confraternité.

Aujourd'hui, un demi-siècle nous sépare des événements de 1830. C'est plus qu'il n'en faut, en France, non pas pour apaiser les passions, mais pour leur donner un autre cours, en bouleversant le classement des partis. La mort et le temps ont fait leur œuvre : les petits-fils des ennemis d'alors marchent la main dans la main, et d'autres préoccupations nous assiègent. Le moment semble donc venu de retracer impartialement ce grand débat.

A l'impartialité, notre génération joint l'avantage de pouvoir consulter certains témoignages contemporains, récemment mis au jour. De plus, les circonstances dans lesquelles ce discours devait être prononcé ont valu à son auteur de précieuses communications inédites. C'est ainsi, pour ne citer que ces deux noms, que notre confrère, M. le sénateur Bérenger, a bien voulu me transmettre l'écho des causeries intimes de son père ; que M. Georges Picot, en souvenir du temps où il était secrétaire de la Conférence des avocats, a résumé pour moi les souvenirs de M. de Montalivet.

En quittant Trianon, le 31 juillet, pour gagner Rambouillet et de là le chemin de l'exil, Charles X avait enjoint aux ministres signataires des ordonnances de se séparer de lui et de veiller à leur propre sûreté. Ils se partagèrent une somme de dix mille francs et partirent sous divers déguisements. Trois d'entre eux seulement, MM. d'Haussez, de Montbel et Capelle, parvinrent à passer la frontière. Dès le 3 août, MM. de Peyronnet, de Chantelauze et de Guernon-Ranville étaient arrêtés aux portes de Tours. Le 15, le prince de Polignac était reconnu à Granville au moment où, travesti en domestique, il allait s'embarquer pour Jersey.

D'un autre côté, à peine, le 8 août, la Chambre des députés avait-elle constitué son bureau définitif, que M. de Salverte, député de la Seine, déposait une motion tendant à accuser les ministres de haute trahison. Développée le 13 dans un discours violent, elle fut prise en considération à l'unanimité, par suite de l'absence volontaire des membres de l'extrême droite; suivant la procédure habituelle, les bureaux nommèrent une commission.

Quelques jours après, la Chambre des pairs était saisie d'une lettre adressée à son président par M. de Polignac, qui réclamait sa mise en liberté en invoquant l'inviolabilité parlementaire. Sur le rapport du comte Siméon, on autorisa le maintien de l'arrestation, en raison de la *clameur publique* et des poursuites commencées par l'autre Chambre. Le gouvernement fit alors transférer les anciens ministres de Tours et de Saint-Lô au château de Vincennes. Ils purent constater pendant le trajet les colères déchaînées sur eux.

Celui contre lequel s'élevait la plus violente animosité était le chef du cabinet. Par une étrange fatalité, tout ce qui aurait été de nature à lui attirer la sympathie ou la pitié se retournait contre lui. Sa mère était cette séduisante Gabrielle de Polastron, qui avait conquis par son charme l'amitié de Marie-Antoinette, et avait succombé dans l'exil, frappée au cœur par l'exécution du 16 octobre : on allait rechercher les accusations répandues jadis contre la favorite de la reine, et montrant dans le passé le nom de Polignac déjà voué à l'exécration publique, on disait que cette famille était décidément le mauvais génie des Bourbons. Après quinze années d'éloignement, le comte Jules, rentré en France pour défendre la cause royaliste, avait été pris et accusé avec Cadoudal et Moreau ; condamné à deux ans de prison, la police impériale lui avait infligé une détention arbitraire de neuf années : mais les journées de Juillet venaient de donner un regain de vogue à la légende napoléonienne, et on dénonçait en lui le complice des assassins, l'ennemi de la gloire nationale. Le vieux roi s'était pris d'une affection bien naturelle pour celui dont la famille et la personne lui rappelaient ses années de brillante jeunesse, sa petite cour de l'émigration : on reprochait à M. de Polignac d'avoir abusé de cette confiance pour pousser Charles X au coup d'État. Enfin, sa piété exaltée, qui, nous le savons aujourd'hui, faisait de lui un véritable visionnaire, donnait lieu aux plus ridicules légendes : ceux qui ne le traitaient pas de jésuite le considéraient du moins comme un familier de Montrouge; ceux qui se refusaient à croire qu'il dît la messe au roi n'étaient pas loin d'admettre qu'il la lui servît.

L'impopularité de M. de Peyronnet était plutôt restreinte au monde parlementaire. On lui en voulait en réalité bien moins pour son récent et court passage au ministère de l'intérieur que pour les six années pendant lesquelles il avait été garde des sceaux, dans le cabinet présidé par M. de Villèle. Il avait alors soutenu les mesures les plus critiquées, comme la loi du sacrilège, la loi du droit d'aînesse, la loi « de justice et d'amour », non seulement avec un remarquable talent de discussion, mais avec une éloquence hautaine, agressive, féconde en personnalités irritantes. Une fois même, les choses avaient été si loin qu'un député de l'opposition, faisant allusion à la carrière judiciaire du ministre, lui avait crié : « Procureur général, vous vous croyez encore à la » cour d'assises ! »

M. de Chantelauze était aussi un ancien magistrat, et aurait dû garder toute sa vie les fonctions où il avait trouvé une légitime considération. Il ne s'était du reste pas fait d'illusions à cet égard, et le jour où, sur les instances réitérées du roi et du duc d'Angoulême, il s'était résigné à abandonner la première présidence de Grenoble pour recevoir les sceaux, il avait écrit à son frère : « Je ne veux pas que tu apprennes » par le *Moniteur* l'événement le plus important, et » je crois le plus malheureux de ma vie. » Néanmoins, le bruit courait qu'il avait combiné le plan général des ordonnances et rédigé le rapport qui leur servait de préambule.

Comme ses deux collègues, M. de Guernon-Ranville avait successivement appartenu au barreau et à la magistrature. Attaché à des opinions modérées, il avait combattu les ordonnances dans le conseil, et ne les avait signées que par point d'honneur, pour ne pas paraître abandonner son roi. D'un caractère susceptible et emporté, il gardait aux autres ministres une rancune qu'il eut le tact de ne pas montrer pendant le procès, mais que la publication posthume de son journal a pleinement révélée.

Deux articles de la Charte de 1814 disposaient que la Chambre des députés pouvait poursuivre les ministres devant la Chambre des pairs pour crime de trahison. Le texte était muet sur la procédure et la pénalité. Sous la Restauration, des lois avaient été préparées à diverses reprises pour combler cette lacune, sans jamais être adoptées.

De là un grand nombre d'incertitudes et de questions préjudicielles. A peine nommée, la commission des députés demanda à la Chambre de l'autoriser à exercer tous les pouvoirs appartenant aux juges d'instruction et aux chambres du conseil, c'est-à-dire à décerner des mandats, interroger les accusés et entendre des témoins.

Les esprits les plus familiers avec l'étude des questions constitutionnelles n'admettaient pas que la Chambre des députés eût la faculté de confier de tels pouvoirs à sa commission. Suivant eux, la Chambre restait un corps politique, armé du droit de dénonciation et de poursuite, mais privé de toute attribution judiciaire, privé surtout de la mission de faire une instruction. Y avait-il convenance et intérêt à pour-

suivre les ministres ? Voilà ce que la commission devait rechercher, ce que les députés devaient décider.
Ensuite seulement l'affaire entrerait dans sa phase
judiciaire.

Cette thèse fut soutenue avec une grande force
par MM. Persil, Villemain et Dupin. Aux raisons
théoriques, ils ajoutèrent cet argument de fait, que le
caractère des actes incriminés était indéniable, et que
la signature des ministres au bas des ordonnances
suffisait à justifier la mise en accusation. La Chambre,
exceptionnellement investie des droit du ministère
public, n'avait qu'à les exercer le plus tôt possible.

L'opinion contraire triompha à une forte majorité,
mais pour des motifs assez étrangers au droit consti-
tutionnel. La Chambre des députés, au sortir d'une
crise où ses prérogatives avaient été menacées,
croyait devoir les étendre le plus possible. Elle cédait
surtout au très vif désir de ne pas abaisser sa dignité
devant les pairs : « On vous propose », s'écria M. de
Salverte, « de vous présenter devant l'autre Chambre
» comme des plaignants, presque comme des pétition-
» naires ! » M. Mauguin n'eut qu'à développer ce thème
pour enlever le vote. Le gouvernement n'était pas
intervenu.

La commission délégua à son tour à trois de ses
membres les pouvoirs dont elle venait d'être investie.
M. Bérenger, ancien magistrat, était, au dire d'un
contemporain, « bien vu de tous les partis », grâce à
l'élévation de son esprit et à la modération de son ca-

ractère. On connaît assez au Palais les remarquables travaux qui ont attaché et qui attachent chaque jour davantage son nom aux questions criminelles et pénitentiaires.

M. Madier de Montjau était un magistrat de la vieille roche, profondément dévoué aux idées monarchiques. Une peine disciplinaire trop sévèrement prononcée contre lui par la Cour de cassation l'avait jeté dans l'opposition sous la branche aînée.

M. Mauguin se trouvait alors à l'apogée de sa réputation. Notre barreau, remis en possession du droit d'élire son bâtonnier, allait porter sur lui ses suffrages.

Les commissaires se rendirent d'abord à Vincennes, pour interroger les prisonniers. Ceux-ci refusèrent, par convenance, de répondre à toutes les questions qui mettaient personnellement en cause le roi Charles X, et à celles qui les exposaient à trahir le secret des délibérations du conseil. Néanmoins, les collègues de M. de Guernon-Ranville s'accordèrent à déclarer qu'il avait combattu les ordonnances jusqu'à la fin. Sur les autres points, tous fournirent des explications. M. de Polignac se défendit d'avoir préparé de longue main la violation de la Charte; avec une naïveté qui de la part de tout autre aurait passé pour une impertinente ironie, il prétendit que pendant son séjour à Londres comme ambassadeur, il avait étudié les institutions anglaises afin de les acclimater en France. M. de Chantelauze reconnut être l'auteur du rapport. M. de Peyronnet, par une inexplicable contradiction, avoua qu'il avait rédigé l'ordonnance sur la presse, et donna à entendre qu'il s'était opposé au coup d'État : tout porte à croire qu'il confondait ses regrets avec l'expression de la réalité.

Plus le rôle des commissaires était délicat, plus ils prirent à tâche de le remplir en hommes du monde et en hommes de cœur. Comme M. de Guernon-Ranville, dans un moment d'oubli, chargeait ses collègues, M. Bérenger, prétextant la gravité de la question, le pria de dicter sa réponse : le ministre comprit, remercia et modifia ses paroles. Un autre jour, M. de Chantelauze, son interrogatoire terminé, causait du Dauphiné avec M. Bérenger · « J'espère un peu », lui disait-il, « que le nouveau gouvernement vous nom-
» mera premier président à Grenoble. » — « Y pensez-
» vous ? » lui répondit son interlocuteur, « et me
» croyez-vous capable, après avoir eu la mission de
» vous accuser, d'accepter des fonctions récemment
» occupées par vous ? »

La commission entendit de nombreux témoins, sur la déposition desquels je n'insiste pas, et, comme chacun s'y attendait, demanda, par l'organe de M. Bérenger, la mise en accusation des ministres. Le rapport fut lu à la Chambre des députés le 23 septembre.

« En relisant ce document », écrivait trente ans plus tard le duc de Broglie, « en voyant à quel point

» l'histoire, la polémique et la politique y contrastent
» avec la sévère impartialité des formes légales, la
» réserve du langage juridique et la présomption
» d'innocence, je ne puis être que frappé, de plus en
» plus, du scandale et du danger d'armer le dénon-
» ciateur public des pouvoirs qui ne doivent appar-
» tenir qu'à la justice. »

C'était la conséquence inévitable de la précédente
décision de la Chambre. Dans ses relations avec les
ministres détenus et les témoins, M. Bérenger n'avait
pas eu de peine à se conduire comme un juge d'instruction. Mais en rédigeant son rapport, il était rede-
venu un député proposant à ses collègues une mesure
surtout politique, et la force des choses l'avait con-
duit à parler, sans se départir de la forme sobre et
élevée qui lui était habituelle, le langage des partis.

Il accusait Charles X d'avoir médité à l'avance le
renversement des institutions libres, censurait amè-
rement des hommes qui n'étaient pas en cause,
comme le maréchal de Bourmont et M. de Labourdon-
naye, et critiquait l'expédition d'Alger. Il flétrissait
la pression électorale exercée sur les fonctionnaires
dans des termes dont l'énergie souleva des applaudissements répétés. Après avoir taxé d'inconstitu-
tionnelle la proclamation adressée par le roi aux
électeurs, il prouvait aisément que les deux ordonnances modificatives du système électoral et du
régime de la presse violaient ouvertement la Charte;
il attribuait le même caractère à l'ordonnance qui

dissolvait la Chambre à peine élue et non encore réunie. Il soutenait que le maréchal Marmont, prévenu des projets de la cour, avait pris des mesures pour étouffer toute résistance. Il faisait enfin l'historique des trois journées, montrait les ministres responsables du sang versé, et terminait en demandant « justice et non vengeance. »

Un détail vous indiquera le degré où étaient montées les passions. Depuis le commencement de l'année 1830, d'innombrables incendies avaient désolé la Basse-Normandie, et le bruit courait que les ministres soudoyaient les malfaiteurs, afin d'intimider les populations et de trouver un prétexte pour organiser des cours prévôtales. M. Bérenger, tout en déclarant que rien jusqu'ici n'était venu justifier cette absurde rumeur, demandait que les recherches fussent continuées. Quelque temps après, un individu détenu à Toulouse pour escroquerie écrivit au rapporteur que, mis en relation par les jésuites de Montrouge avec le prince de Polignac, celui-ci l'avait chargé d'organiser les incendies. On s'empressa de le faire comparaître devant la commission de la Chambre des pairs, et alors seulement on s'aperçut que, sans jamais avoir vu M. de Polignac, il avait imaginé ce moyen pour couper par un voyage à Paris les ennuis de sa captivité.

La discussion sur la mise en accusation fut moins intéressante qu'on n'eût pu s'y attendre. Les députés de l'extrême droite, sans nier la culpabilité des mi-

nistres, soutinrent que leur responsabilité était liée
à l'irresponsabilité royale, et que la chute de Charles X
les couvrait d'une sorte d'amnistie. Berryer développa
ce thème dans quelques phrases plus éclatantes que
décisives.

Un débat beaucoup plus vif s'éleva sur une question accessoire. Comme le crime de trahison n'était
ni défini ni puni par les lois, la commission, sup-
pléant à ce silence, visait dans son projet de résolution non seulement l'article 56 de la Charte de 1814,
mais les articles du Code Pénal relatifs aux complots
ayant pour but d'attenter à la sûreté de l'État et
d'exciter la guerre civile, le massacre et la dévasta-
tion. Autrement dit, selon l'expression du duc de
Broglie, elle « rapprochait certains articles du Code
» Pénal ordinaire, pour en construire artificiellement
» tel ou tel crime ministériel dont le Code Pénal ne
» s'était point avisé. » Cette décision n'avait été
prise que par cinq voix contre quatre, et malgré
l'avis personnel du rapporteur.

M. Villemain développa une conception plus sa-
vante et plus hardie. Les ministres, selon lui, par cela
même qu'ils avaient signé les ordonnances, étaient
coupables de trahison, et de trahison seulement; en
l'absence de texte explicatif et répressif, la Chambre
des pairs, constituée en « grand jury national »,
pouvait apprécier les éléments du crime et en fixer
la peine « sans la lire dans la loi » : la participation
des deux autres pouvoirs à la préparation et à l'exécu-

tion de l'arrêt le garantirait de tout reproche d'inconstitutionnalité. Ce système, rejeté à une faible majorité, devait prévaloir devant la Chambre haute.

On vota séparément sur le nom de chaque ministre; la mise en accusation de M. de Polignac fut prononcée par 244 voix contre 47 : la proportion fut un peu plus favorable à ses collègues.

Le 29 septembre, la Chambre des députés choisit trois commissaires chargés de soutenir l'accusation en son nom. Au premier tour, M. Bérenger fut seul élu, à la presque unanimité; le second scrutin lui adjoignit MM. Madier de Montjau et Persil (1). Celui-ci s'était placé au premier rang du barreau de la capitale parmi les avocats d'affaires : Tripier seul, disait-on, l'égalait sur ce terrain; il allait être nommé procureur général à Paris.

En désignant ses commissaires, la Chambre des députés mettait un terme à son propre rôle et fermait la première période du procès. Les accusés n'avaient pas attendu jusque là pour pourvoir à leur défense : je dois vous nommer dès à présent ceux des personnages de ce grand drame qui nous touchent de plus près. Par un singulier hasard, chacun d'eux venait d'un barreau différent.

---

(1) M. Mauguin n'obtint qu'un nombre insignifiant de voix : ses collègues avaient été choqués de la violence avec laquelle il s'était exprimé dans le dernier débat

On est un peu surpris au premier abord de ne pas rencontrer parmi eux l'illustre orateur qui, pendant plus de quarante ans, a jeté sur le parti légitimiste, sur le barreau de Paris, sur la tribune française, l'éclat de son incomparable génie. Mais Berryer, nouveau venu à la Chambre, avait été élu dans la Haute-Loire, berceau de la famille de Polignac, et grâce à l'influence du premier ministre. Bien qu'il n'eût en rien participé au coup d'État, on craignit que cet échange de patronage ne produisît mauvais effet sur l'opinion et sur les juges. A son défaut, notre Ordre fut représenté par un de ses anciens bâtonniers, Hen-nequin, qu'un procès célèbre avait mis en lumière dix ans auparavant; il accepta avec empressement la défense de son ami M. de Peyronnet.

Le choix de M. de Chantelauze se fixa sur un jeune avocat de Lyon. Vous savez que l'éloquence judiciaire fleurissait déjà dans cette ville sous la domination romaine, et qu'elle n'a pas cessé d'y être cultivée avec le même succès : témoin ce maître consommé de la parole, ce merveilleux artiste de la phrase, que nos anciens avaient adopté au point de le placer à leur tête. De bons juges ont noté précisément certaines analogies entre la manière de Jules Favre et celle de Paul Sauzet.

Le défenseur de M. de Guernon-Ranville venait de succéder à Odilon Barrot dans sa charge d'avocat à la Cour de cassation ; auparavant, il avait été inscrit au barreau de Nîmes. Il appartenait donc à ce

Midi où les idées, les mots, les images se présentent aux orateurs avec une richesse parfois surabondante, et où l'écueil à éviter est moins la sécheresse que l'exubérance. Je n'aurai pas l'imprudence de vous peindre en particulier le talent de Crémieux : vous avez tous présent à la mémoire le séduisant portrait (un peu flatté peut-être, comme la plupart des portraits de maître) qu'on vous en traçait il y a deux ans.

Il ne faudrait pas apprécier exclusivement le barreau de Bordeaux d'après l'éminent bâtonnier qu'il nous a donné. Aussi bien, même dans le passé, ce n'est pas à Montaigne ou à Montesquieu que faisait penser Dufaure, mais plutôt à son compatriote de la Saintonge Agrippa d'Aubigné, l'ami bourru de Henri IV, l'austère et ardent huguenot, qui renversait les arguments de ses contradicteurs avec la même verve impitoyable dont il flagellait les vices de son temps. Le charme, au contraire, était peut-être la qualité dominante parmi celles qui, depuis la fin du dix-huitième siècle, avaient été départies en foule à ce barreau privilégié. La postérité reproche aux Girondins des ambitions trop peu scupuleuses et une impardonnable défaillance : elle admire toujours sur leur front l'auréole de l'éloquence. A Vergniaud et à ses compagnons, moissonnés avant le temps, succède une autre génération, que le régime impérial retient plus longtemps au Palais, et qui y conquiert une véritable gloire, en attendant le renouvellement des luttes parlementaires : ce sont entre autres Ferrère, Laîné, Ravez, et surtout le défenseur du prince de Polignac.

Il était arrivé à la Chambre des députés en 1822, précédé d'une réputation de travail facile et de nonchalance aimable. Il se distingua tout d'abord comme un rapporteur émérite, grâce à la lucidité de sa parole ; amené à défendre plusieurs mesures du cabinet Villèle, l'exquise aménité de sa discussion rachetait l'impopularité de sa thèse. Porté au pouvoir par des circonstances imprévues, il s'était révélé grand ministre, et avait tenté de faire prévaloir une politique où les réformes libérales auraient affermi la sécurité du trône. Au service de cette œuvre, il avait mis un langage insinuant, élevé, pathétique, dans lequel toutes les ressources de l'art se succédaient, sans que la rhétorique y fût pour rien. Ses triomphes oratoires sont demeurés légendaires. Un jour, au début d'une réplique, il résumait si brillamment les arguments de son contradicteur, que l'opposition éclatait en applaudissements. Un autre jour, Royer-Collard, le moins complimenteur des hommes, laissait tomber ces mots : « Monsieur, la Chambre est vaine de « vous. » Et nous-mêmes, à soixante ans de distance, quand nous voulons personnifier la ferme modération des idées, la chaleur communicative des sentiments, la grâce irrésistible de la forme, le nom qui nous vient spontanément aux lèvres n'est-il pas encore celui de Martignac ?

Il avait eu à lutter, pendant toute la durée de son ministère, contre les attaques ouvertes et les intrigues de l'extrême droite ; dès que l'occasion avait paru favorable, il avait été congédié avec ses collègues pour faire place à M. de Polignac. Depuis lors, il vivait dans la retraite, miné par le découragement et la fatigue, ressentant les premières atteintes du mal qui devait prématurément l'emporter.

Ce fut M. Mandaroux-Vertamy, avocat à la Cour de cassation, dont l'amitié éprouvée suggéra au premier ministre la pensée de confier sa cause à celui dont il avait préparé la chute (1). M. de Martignac accepta, et comme au nom de la famille de son futur client, le duc de Guiche lui offrait cent mille francs et une plaque en diamants, il répondit : « Je défendrai » le prince de Polignac pour son honneur et pour le » mien. »

« C'était là plus qu'un avocat », me disait récemment un célèbre historien. N'était-ce pas au contraire, Messieurs, dans une nature d'élite, au milieu de circonstances solennelles, l'idéal de cette générosité et

____

(1) La famille de M. de Polignac avait d'abord eu l'idée de s'adresser à M. Lainé, qui, quoique pair de France, avait accepté dans un premier mouvement de générosité. Il fallut les instances réitérées de M. Pasquier, président de la Cour, et du roi Louis-Philippe luimême, pour lui faire comprendre que toutes les traditions, toutes les convenances interdisaient à un membre d'un corps judiciaire de plaider pour un tiers devant ses collègues, que dans l'espèce son intervention indisposerait fort le public, enfin qu'il serait bien plus utile à M. de Polignac dans la délibération qu'à la barre.

de ce désintéressement qui sont la plus belle prérogative de la profession d'avocat ?

Dès que l'accusation lui eut été transmise, la Chambre haute, constituée par là même en corps judiciaire sous le nom de *Cour des pairs*, tint les 1er et 4 octobre deux séances secrètes. Son président, M. Pasquier (qui n'avait point encore le titre de chancelier), avait préparé les solutions à intervenir d'après une méthode qu'il employa par la suite dans tous les procès politiques. Par égard pour la haute capacité de l'homme et la dignité de la fonction, il avait rédigé un projet d'arrêt de concert avec son collègue M. Portalis, premier président de la Cour de cassation, puis l'avait soumis à une réunion de douze pairs, tous familiers avec les questions juridiques, mais choisis à dessein dans des nuances différentes d'opinion (1). Sans cet ingénieux expédient, les débats se seraient indéfiniment prolongés en séance plénière. La Cour décida que malgré l'instruction faite par les députés, il devait en être entrepris une autre, et qu'il ne convenait pas d'inviter le gouvernement à déléguer un ministère public, à côté et en dehors des commissaires de la Chambre basse. Ce dernier point avait fait l'objet de conférences spéciales, tenues chez M. Pasquier entre quel-

(1) Ce furent dans la circonstance, avec M. Portalis, MM. Laîné, Roy, Siméon, de Bastard, de Broglie, de Sainte-Aulaire, Portal, Mounier, de Ségur, de Pontécoulant, Molé et Decazes.

ques pairs et les principaux ministres ; l'absence de ministère public n'avait prévalu qu'après de longues et importantes discussions. En séance, M. Roy fut seul à soutenir le système opposé.

M. Pasquier, chargé de l'instruction, s'adjoignit le premier président Séguier, le comte de Pontécoulant, qui avait courageusement tenu sa place dans la minorité de la Convention, et le comte de Bastard, président de la Chambre criminelle de la Cour de cassation. Ce dernier lut le 29 novembre à la Cour des pairs, siégeant comme chambre de mise en accusation, un rapport fort étendu, auquel M. Portalis avait collaboré et que M. Pasquier avait revu.

Ce document se distinguait du rapport de M. Bérenger par une modération plus grande et par l'examen plus impartial des griefs. Non que la bonne foi et le sentiment du devoir ne fussent au même degré chez l'un et l'autre, mais c'était le langage du juge après celui de l'accusateur et de l'homme politique.

Dans un préambule un peu trop solennel, M. de Bastard avait le tort, pour justifier la juridiction de la Cour des pairs, de remonter au sénat de Rome et au tribunal des Amphictyons. Il examinait ensuite si le ministère avait prémédité de porter atteinte à la Constitution, en cas d'insuccès dans les élections, et penchait pour l'affirmative, tout en déclarant que les preuves absolues faisaient défaut et qu'on était réduit à de simples présomptions. Analysant en dé-

tail les ordonnances, qu'il appelait le « véritable
» corps du délit », il y montrait quatre violations de la
Charte. Il établissait, contrairement à l'accusation,
que par une illusion aussi invraisemblable que réelle,
les ministres n'avaient prévu aucune résistance, qu'ils
n'avaient pas même initié le duc de Raguse à leurs
projets, et que les premiers soulèvements les avaient
pris au dépourvu. Mais il leur laissait la responsabilité de la mise en état de siège et de la prolongation
de la lutte, malgré les instances du maréchal et des
députés délégués auprès de lui.

La seconde partie du rapport (qui le croirait aujour-
d'hui !) était consacrée tout entière aux incendies de
Normandie. M. de Bastard prenait la peine de prou-
ver que les ministres avaient tout fait pour conjurer
le fléau, bien loin de l'avoir déchaîné.

La troisième partie traitait des questions préjudicielles. Le rapporteur écartait l'application du Code
Pénal, requise par la Chambre des députés, et esti-
mait avec M. Villemain que la Cour des pairs avait à
définir et à punir le crime de trahison en vertu de
son pouvoir législatif ; selon , lui ce crime résultait
suffisamment du fait d'avoir signé les ordonnances,
et la Cour ne devait tenir compte des événements
subséquents que pour tarifer la peine. — Il proposait
de ne pas admettre les victimes des journées de
Juillet à intervenir comme parties civiles (plusieurs
d'entre elles l'avaient déjà demandé), en raison du
caractère exceptionnel de la juridiction et des em-

barras sans nombre qui résulteraient de cette intervention (1). — Enfin, il conseillait à ses collègues de
juger seulement les quatre accusés détenus, et de
distraire la cause des trois absents pour l'examiner
plus tard.

Conformément à ces conclusions, la Cour se déclara compétente et ordonna le transfert des accusés
au Petit-Luxembourg. Le grand référendaire, M. de
Sémonville, l'avait fait aménager avec un luxe de
précautions exagéré à dessein : pour mieux rassurer
les esprits, des billets avaient été distribués, et les
curieux avaient pu constater eux-mêmes l'épaisseur
des portes et la multiplicité des grillages.

Le lendemain, une ordonnance de M. Pasquier fixa
l'ouverture des débats au 15 décembre. Cette pré-
cipitation, contre laquelle se récrièrent les avocats,
surprit d'autant plus qu'on s'attendait au contraire à
un ajournement à six mois. Mais au dernier moment,
le gouvernement avait été décidé par cette considération, que la garde nationale, en grande majorité
composée de commerçants, maintiendrait l'ordre
avec plus de vigilance à la fin de décembre, pour ne
pas compromettre les transactions du jour de l'an.

Je me suis scrupuleusement appliqué jusqu'ici,
Messieurs, à élaguer de ce récit tous les incidents
accessoires et toutes les considérations étrangères

______

(1) Dans les réunions de la commission, M. Séguier avait longtemps soutenu l'admission des parties civiles.

au fond même du procès. Mais il me faut bien vous dire quelques mots d'un élément qui avait alors une importance incalculable. Plus, en effet, le dénouement se rapprochait, et plus le sort des ministres préoccupait l'opinion publique.

Une première catégorie, la moins nombreuse comme la plus bruyante, pensait que les formalités judiciaires étaient superflues et que le mieux était d'infliger le plus tôt possible aux accusés un juste supplice. C'étaient les partisans de cette opinion qui proféraient des cris de mort lors du transfert au Luxembourg. Ils se recrutaient dans la lie de la population, toujours prête pour les assassinats politiques, lorsqu'ils se présentent dans des conditions à peu près certaines d'impunité. Au lendemain d'une révolution, les ressorts du gouvernement étaient encore trop distendus pour qu'on pût réprimer comme elles le méritaient ces tendances odieuses.

La garde nationale, c'est-à-dire la portion la plus active de la bourgeoisie, tenait fort à observer jusqu'au bout ce respect de la légalité qu'elle considérait comme l'honneur de la Révolution de Juillet. Mais elle exprimait très haut la pensée que, pour être équitable, la Cour des pairs devrait prononcer une condamnation capitale, et que le sang des combattants des trois journées criait vengeance. Ce langage était celui des banquiers, des grands négociants, des « notables » : « Je t'étonnerais bien », disait plus tard un contemporain à son fils, « si je te nommais ceux

» qui étaient les plus acharnés dans nos causeries du
» corps de garde. »

Avant de nous indigner, tenons compte, Messieurs, de la différence des époques. Maintenant, l'abrogation de la peine de mort en matière politique est pleinement entrée dans nos mœurs. Mais en 1830, l'échafaud politique existait encore, en droit comme en fait, et la Restauration l'avait dressé bien des fois avec une imprudente facilité. Au moment même où le procès des ministres allait s'ouvrir, des hommes de cœur choisissaient, pour signer une protestation contre la peine de mort, l'anniversaire de l'exécution des sergents de la Rochelle : on conçoit que, dans des âmes moins généreuses, ce souvenir éveillât d'autres idées.

Tandis que la majorité de la population parisienne penchait vers une solution sanglante, les pouvoirs publics travaillaient de leur mieux à l'éviter.

L'impulsion leur était donnée de haut. L'éducation philosophique de Louis-Philippe l'avait fortement empreint des théories humanitaires du dix-huitième siècle, et, à cet égard, les leçons de Mme de Genlis avaient été complétées par les massacres de Septembre. Chaque arrêt de mort à signer coûtait au roi plusieurs nuits d'insomnie. Si, en ce qui concernait les criminels vulgaires, il avait bien vite compris qu'un chef du pouvoir exécutif n'a pas le droit de mettre sa sensibilité personnelle au-dessus de l'intérêt social, en matière politique, du moins, ses répugnances étaient invincibles. Sa sagacité suffisait d'ailleurs à lui montrer que le supplice des ministres était l'acte le moins propre à séparer le nouveau régime des hommes de désordre, à calmer les défiances des monarchies absolues, à confondre les calomnies du parti vaincu.

L'évidence de ces motifs s'était imposée aux membres du cabinet, même à ceux qui représentaient les idées les plus avancées, comme MM. Laffitte et Dupont de l'Eure. Ils étaient secondés par un personnage considérable, à qui quarante ans d'expérience n'avaient pu enlever ni les défauts invétérés de son caractère ni la générosité native de son cœur : vous avez déjà nommé le général de La Fayette. Mais il fallait se défier, selon le mot piquant de M. Pasquier, de son « urbanité pour les émeutes ».

La Chambre des députés, qui avait accusé sans hésitation les anciens ministres, était presque unanime à vouloir sauver leur tète. Le 8 octobre, elle décidait, par 225 voix contre 21, de présenter une adresse au roi pour demander l'abolition de la peine de mort en matière politique ; le rapporteur (détail significatif) était M. Bérenger.

A cette nouvelle, des rassemblements eurent lieu aux cris de : « Mort aux ministres ! » Des placards sinistres furent affichés. Le soir du 18 octobre, une bande d'hommes armés, après avoir longtemps hurlé sous les fenêtres du Palais-Royal, se porta soudain sur Vincennes avec l'intention d'enlever les accusés.

Le général Daumesnil se présenta seul, et menaça les agresseurs, comme jadis les alliés, de mettre le feu à la poudrière. Ils se dispersèrent en criant : « Vive la jambe de bois ! »

Quelques jours après cette scène, qui n'amena rien moins qu'un changement de ministère, M. Guizot reporta la question devant la Chambre. Comme il montait à la tribune, Casimir Périer découragé lui dit à mi-voix : « Vous ne sauverez pas la tête de M. de » Polignac. » M. Guizot parla deux minutes à peine, comme il savait parler en pareil cas, et descendit au milieu des acclamations de ses collègues, pendant que M. de Martignac venait le remercier, les larmes aux yeux. Si l'on met en regard les tristes manifestations qui s'étaient produites dans ce même Palais-Bourbon après l'évasion de M. de Lavallette, il faut convenir que l'avantage n'est pas du côté de la Chambre introuvable. L'histoire dira des députés de 1830, qu'avec bien des préjugés, ils avaient hérité les plus nobles aspirations de 1789.

Dans la matinée du 15 décembre, le paisible quartier du Luxembourg était en proie à une agitation extraordinaire. Tout autour du palais, une foule houleuse était plus ou moins contenue par la garde nationale. Dans la salle, le corps diplomatique au complet, les fils aînés de pairs, beaucoup de députés, des avocats du barreau de Paris, avec leur doyen Delacroix-Frainville à leur tête, des représentants des

grands corps de l'Etat, y compris l'école polytech-
nique, dont les journées de Juillet avaient fait une
puissance. Les commissaires accusateurs étaient en
costume de députés et les avocats en robe, sauf M. de
Martignac, qui portait, avec l'habit noir, la plaque et
le grand-cordon de la Légion d'honneur. Les accusés ne trahissaient aucun embarras ; M. de Polignac
avait son grand air habituel, et adressait des sourires
aux personnes qu'il reconnaissait. M. Cauchy, garde
des archives de la Chambre des pairs, remplissait les
fonctions de greffier ; il s'en était déjà acquitté dans
l'instruction avec une diligence remarquée.

Après avoir entendu dans la chambre du conseil
une courte allocution de leur président, les pairs
entrèrent en séance, au nombre de cent soixante-
trois. Héritiers des grandes familles de l'aristocratie
française, vétérans des armées impériales, célébrités
parlementaires ou judiciaires, vous n'attendez pas,
Messieurs, que je vous fasse l'énumération de cet
auguste tribunal, où la liste des juges s'ouvrait par le
duc de Mortemart et se fermait par le duc de Crussol
d'Uzès, en passant par les ducs de Tarente et de
Reggio, c'est-à-dire par Macdonald et Oudinot, et
par le comte Molé, le duc Decazes et le vicomte Lainé.

A l'exception de la gloire militaire, toutes ces illus-
trations se trouvaient réunies en la personne de celui
qui était assis au fauteuil. Aux derniers jours de l'ancien régime, il avait siégé parmi les jeunes conseil-
lers des enquêtes, dans ce Parlement de Paris,

témoin deux siècles auparavant de l'éloquence d'Etienne Pasquier. Surpris par la tourmente, il avait su traverser la Terreur sans y laisser sa tête et passer dans l'administration impériale sans la courber. Lors de l'institution du gouvernement représentatif, le magistrat de Louis XVI et le fonctionnaire de Napoléon avait fait un ministre parlementaire de premier ordre. Il lui restait à se montrer sous un dernier aspect. Le Conseil d'Etat, la préfecture de police, le ministère de la justice, celui des affaires étrangères, tous ces postes, même supérieurement occupés, ne préparent que de fort loin à diriger un grand procès criminel. M. Pasquier, qui n'avait jamais assisté à une audience entière de cour d'assises, suppléa à l'expérience par l'étendue et la souplesse de son intelligence, et émerveilla les vieux jurisconsultes qui faisaient partie de la Chambre.

Aussitôt la séance ouverte, on fit l'appel nominal, qui constata vingt-neuf absences, toutes motivées, puis, après les questions d'usage, la parole fut donnée aux commissaires. M. Bérenger, estimant à juste titre que son rapport, déjà connu de tous les intéressés, tenait lieu d'acte d'accusation, se contenta de résumer en quelques mots les griefs allégués. Son insistance à parler de l'indépendance de la Cour et du calme de la population laissait voir tout à la fois qu'il ne cherchait pas une condamnation à mort et qu'il redoutait des désordres.

Le président procéda ensuite à l'interrogatoire des accusés. M. de Polignac s'exprima d'une voix très basse, opposant des réponses évasives à la plupart des questions ; sa maladressse à ne pas saisir les occasions qui lui étaient offertes de se disculper arracha des marques de dépit à M. de Martignac. M. de Peyronnet s'expliqua longuement, avec aisance et dignité, s'attachant, sans vaines subtilités, à donner aux faits l'interprétation la plus favorable. L'interrogatoire des deux derniers ministres fut assez court.

La fin de cette première séance et les deux suivantes furent consacrées à l'audition des quarante-huit témoins. Les deux hommes dont la déposition aurait offert le plus d'intérêt, le préfet de police Mangin et le maréchal Marmont, avaient passé la frontière. A leur défaut, on entendit les principaux fonctionnaires, les membres de la commission municipale. Plusieurs habitants de Paris, cités à la requête de l'accusation, attestaient que dans leur quartier les premières violences étaient venues de la troupe, à quoi des témoins à décharge venaient objecter que dans leur rue les manifestants avaient pris l'offensive ; comme s'il était possible d'établir de quel côté, dans un jour de révolution, commencent les hostilités. La plupart des témoins, pénétrés de l'importance de leur rôle, s'exprimaient avec emphase. Il n'est pas jusqu'au brave maréchal Lobau, qui, gagné par la contagion, ne répondît fièrement au président lui demandant sa profession : « Soldat ! » Et les tribunes d'applaudir cette affectation de simplicité.

Un murmure de curiosité accueillit l'entrée du vicomte de Foucauld, ancien colonel de gendarmerie, le même qui avait jadis ordonné à ses hommes d'*empoigner* Manuel. Cet officier avait décidément la vocation des mots malheureux : il débuta par dire qu'en lisant les ordonnances, il avait prévu qu'elles allaient lui donner beaucoup de *besogne*. M. Billot, ancien procureur du roi, déclara courageusement qu'il avait décerné des mandats contre les journalistes signataires de la protestation. Comme M. Persil lui demandait si c'étaient des mandats de comparution ou de dépôt, il lui répondit qu'en sa qualité de procureur général, il devait savoir que les mandats de dépôt ne se décernaient qu'après interrogatoire ; les rieurs ne furent pas du côté du commissaire.

Le célèbre savant Arago redit un propos de M. de Polignac, qui lui avait été immédiatement rapporté par un témoin depuis lors réfugié à l'étranger ; comme on annonçait au premier ministre que la troupe menaçait de faire défection, il aurait répondu : « Eh bien, il faut aussi tirer sur la troupe. » En admettant que le mot fût authentique, il dénotait plus d'aberration que de cruauté ; il n'en donna pas moins lieu à une très vive discussion.

La déposition la plus importante, au point de vue historique, fut celle du marquis de Sémonville, grand référendaire de la Chambre des pairs. Il raconta la démarche qu'il avait faite le 28 juillet, avec son collègue M. d'Argout, aux Tuileries auprès des ministres et à Saint-Cloud auprès de Charles X. Son témoignage fit ressortir les scrupules de M. de Peyronnet et l'obstination du prince de Polignac. Celuici fournit immédiatement quelques explications.

Au début de la séance du 18 décembre, M. Persil prit la parole ; en raison du poste éminent qu'il occupait dans la magistrature, ses collègues lui avaient laissé le soin de prononcer le principal réquisitoire.

Nouveau venu dans la politique, il lui était plus facile qu'à un autre de cantonner l'accusation sur le terrain juridique, de se borner à établir l'illégalité des ordonnances et à discuter la culpabilité des signataires. Sincèrement conservateur, M. Persil pouvait, en abordant des considérations plus élevées, reprocher aux ministres la Révolution même, l'ébranlement moral et social qui en était résulté. Je n'ai pas à vous rappeler, Messieurs, l'admirable page que Prévost-Paradol a consacrée à ce sujet, et de fait, l'histoire de la monarchie de Juillet devait-elle être autre chose que l'effort continu et parfois inconscient des hommes d'ordre pour soustraire le nouveau régime à l'influence démagogique de son origine ?

Mais c'eût été là trop de clairvoyance pour un contemporain, et beaucoup d'indépendance peut-être pour un procureur général. Se croyant obligé de traiter le côté politique du débat, M. Persil se traîna dans les lieux communs qui étaient en honneur depuis Juillet : il ne fit grâce aux pairs ni du droit divin, ni de la Charte octroyée ; il désigna le gouvernement tombé par cette périphrase : « Ce qu'on avait » appelé la Restauration » ; il proclama que les Bourbons « n'étaient à la hauteur ni des besoins, ni » des lumières de leur siècle » ; enfin, par une suprême indélicatesse, il attaqua le ministère Martignac et lui reprocha « l'absence de tout caractère vis-à-vis » du roi ».

Dans l'analyse des ordonnances, dans l'examen des questions préjudicielles, le dialecticien supérieur se retrouvait. Néanmoins, après avoir très habilement combattu la théorie de M. de Bastard sur la détermination du crime et la fixation du châtiment, il défendait par d'assez faibles raisons l'application du Code Pénal. Sa discussion sur l'article 14 de la Charte était irréfutable. Il démontrait aussi de façon péremptoire que la mise en état de siège n'avait pas supprimé la responsabilité du cabinet.

Mais le caractère dominant de ce discours était une âpreté constante et excessive. M. Persil ne se résignait à abandonner l'accusation du chef des incendies qu'en déclarant expressément qu'à ses yeux, ces sinistres étaient dus à la Congrégation. Tous les autres événements étaient interprétés par lui de la façon la plus défavorable aux ministres. Ils avaient négligé de se concerter pendant les deux premiers jours : c'était indifférence pour le sang qui coulait.

Le troisième jour, ils s'étaient réunis aux Tuileries :
c'était désir de prolonger une lutte odieuse. M. de
Guernon-Ranville avait obstinément combattu les
ordonnances : il n'était que plus coupable de les
avoir signées, puisqu'il en comprenait mieux la gravité. Les réquisitoires, vous le savez, n'ont pas cou-
tume de se distinguer par une mansuétude exagérée ;
on n'en trouva pas moins, en général, que M. Persil
avait passé la mesure.

Sans prononcer le mot de condamnation capitale,
il demanda très nettement la tête des quatre accusés,
contre le vœu de la plupart de ses collègues : « Vous
» répondrez, dit-il en terminant, à la demande de la
» France en deuil, à la plainte des citoyens, à l'accu-
» sation de leurs députés, par une condamnation
» éclatante, égale à l'énormité du forfait. »

Après une courte explication entre M. de Peyronnet et M. Persil, à propos d'une citation faite par ce
dernier, M. de Martignac se leva. Son plaidoyer mit
le sceau à sa gloire, en même temps qu'il contribua
à hâter sa fin. Il faudrait pouvoir tout citer, mais
l'orateur parla pendant près de cinq heures, et je me
reproche déjà d'abuser de votre attention.

M. de Martignac commença par opposer la perpé-
tuité de la justice aux bouleversements produits par
les révolutions, et par expliquer sa présence au procès : « Enlevé depuis douze ans par les affaires pu-
» bliques à cette noble profession du barreau, dont

» il ne m'est resté que des souvenirs et des regrets,
» j'ai tremblé que cette tâche imprévue ne fût au-
» dessus de mes forces ; et toutefois, je n'ai pas ba-
» lancé à l'accepter, parce qu'il y a dans la voix d'un
» homme menacé qui vous appelle, quelque chose
» d'impérieux qui subjugue et qui commande. »

L'exorde était complété par un rapide exposé des faits, où bien des mots heureux, bien des lumineux aperçus seraient à relever ; en rencontrant le nom de M. de Peyronnet, son camarade au collège, son confrère au barreau, son collègue dans la magistrature et au Parlement, parfois son adversaire, l'orateur sut émouvoir tous les assistants. Il analysa ensuite le rapport de M. Bérenger, et déclara que les accusés, confiants dans la conscience et le courage de leurs juges, n'avaient pas réclamé le transfert de la Cour dans une ville moins exposée à l'effervescence popu-laire.

Abordant la discussion, M. de Martignac écarta de propos délibéré tout ce qui avait trait aux intentions ou aux actes du souverain déchu : « Dans ma bouche,
» la justification serait suspecte, et l'accusation
» odieuse. Ce n'est point le procès de Charles X qui
» s'instruit devant vous. Quant à sa puissance, elle
» a succombé dans la lutte fatale où elle est entrée ;
» quant à sa vie, le peuple vainqueur a compris que
» deux têtes de roi pèseraient trop sur la terre de
» France : il a placé l'intervalle des mers entre les
» vaincus et sa colère ; quant à sa renommée, elle

» est justiciable de l'histoire, et il ne me convient
» pas d'intervenir entre ce juge et lui. »

Selon le défenseur, trois moyens préjudiciels devaient faire repousser l'accusation. En premier lieu,
la responsabilité des ministres étant la conséquence
de l'inviolabilité royale, elle ne pouvait lui survivre :
« Une loi disait : Le roi est sacré; ses ministres sont
» responsables. La première moitié de cette loi est
» déchirée, et c'est un lambeau à la main qu'on ré-
» clame l'exécution rigoureuse, l'exécution sanglante
» de la seconde ! » La poursuite n'eût donc été ad-
missible que si Charles X eût été encore sur le
trône.

Pour se risquer à présenter et à développer le
second moyen, il fallait l'exquise souplesse de M. de
Martignac. Ce moyen, en effet, se réduisait à alléguer
que, depuis les ordonnances, le nombre des pairs
avait été réduit de trois cent trente-cinq à cent
quatre-vingt-douze; que, par conséquent, dans une
Cour où les trois huitièmes des voix suffisaient pour
absoudre, plus des trois huitièmes des membres,
évidemment favorables aux accusés, avaient cessé
de siéger.

L'argument, vous le voyez, était spécieux en droit,
mais étrangement scabreux en fait. Ceux d'entre
vous qui voudraient s'exercer à l'art difficile de tout
dire à des juges, sans impertinence et sans réticence,
étudieraient avec fruit cette partie du plaidoyer.
L'orateur se garde bien d'exposer directement l'ob-

jection : il met en scène des amis de M. de Polignac,
qui lui conseillent de récuser la juridiction de la
Cour, et par là même sa parole conquiert plus de
liberté. Il affirme ensuite sa conviction, que si l'exception d'incompétence était formellement soulevée, les
pairs n'hésiteraient pas à l'admettre : « En jetant
» les yeux sur votre institution, autrefois immuable
» et aujourd'hui litigieuse, en faisant dans votre
» mémoire l'appel des juges au jour de l'acte dé-
» noncé, au jour même de l'accusation proposée, et
» en comptant les silencieux intervalles qui marque-
» raient aujourd'hui cet appel, vous vous diriez : Cet
» homme a raison ; ce n'est plus ici le tribunal que
» la loi lui avait garanti. » Mais cette incompétence,
M. de Martignac se défend d'en faire une exception
préjudicielle : il sait bien qu'il n'aboutirait, en réalité, qu'à indisposer les pairs ; il leur demande seulement de tenir compte de cet argument lors de la délibération.

Le troisième moyen consistait à soutenir qu'aucun
texte existant ne visait les faits incriminés. Sur ce
point, le rapport de M. de Bastard avait rendu la
tâche facile au défenseur. Après avoir conclu qu'une
Cour purement judiciaire serait par là même des-
saisie, il se hâta d'ajouter que les pouvoirs de la Cour
des pairs n'étaient pas définis, et que, « sans rien
contester, mais aussi sans rien reconnaître », il
devait discuter les différents chefs d'accusation.

Il n'avait que quelques mots à dire des incendies,

qui lui fournirent un beau mouvement d'éloquence. Quant à la pression électorale, il n'hésita pas à qualifier la proclamation royale de « haute inconve-
» nance », et dit à propos des autres actes : « Les
» menaces, les promesses, les destitutions, tous ces
» moyens de succès qui sont bien vieux sans être
» usés, ont été employés par d'autres que les mi-
» nistres accusés, et les partis qui s'en sont plaints
» lorsqu'ils leur ont été contraires, n'ont pas reculé
» devant eux lorsqu'ils ont pu s'en servir à leur
» tour. »

Le grief le plus sérieux était celui de changement arbitraire des institutions du royaume ; c'était aussi le plus épineux à traiter pour M. de Martignac, car, au su de tous, il n'avait jamais admis que l'article 14 conférât au roi une dictature éventuelle, ni que le salut de l'Etat fût compromis après les élections de 1830. Pour concilier son devoir et sa loyauté, il déclara que, sur ces délicates questions, l'existence seule du doute profitait aux accusés, puis, avec sa merveilleuse facilité d'exposition, se mettant en dehors du débat, il fit parler sur le point de droit les théoriciens de l'école ultra-royaliste et sur le point de fait de M. de Polignac lui-même. Il alla jusqu'à placer sur les lèvres de ce dernier, de la façon la plus naturelle, une critique du ministère Martignac, sans qu'on pût y soupçonner affectation de modestie ou arrière-pensée de rancune. C'était une noble vengeance, et bien digne de ce grand cœur.

Restait l'excitation à la guerre civile, celui des griefs qui saisissait le plus l'opinion des masses. M. de Martignac plaça à cet endroit la biographie de son client : il le montra enfant, partageant les jeux de celui qui devait s'appeler Louis XVII; puis emporté dans la fuite précipitée de ses parents, passant toute sa jeunesse en exil ou en prison, préparé par le malheur à une générosité de sentiments dont il avait donné maintes fois des preuves sous la Restauration; ardent enfin à organiser l'expédition d'Alger. Il établissait, par un raisonnement ingénieux, que la résistance aux ordonnances avait nécessairement été agressive, et il atténuait de son mieux l'intervention des ministres dans la lutte.

L'orateur, qui avait exposé à l'avance le plan de son discours, le résuma brièvement et annonça que sa tâche était terminée. Mais l'émotion redoubla quand on le vit rester debout et poursuivre en ces termes :

« Me permettrez-vous de dépouiller un instant le
» caractère passager de défenseur, et de m'adresser
» comme citoyen, comme ami de mon pays, à des
» hommes puissants dont les actes doivent exercer
» sur son avenir une décisive influence? Il fut un
» temps où j'eus l'honneur de vous parler souvent au
» nom d'un grand pouvoir qui a disparu, et vous me
» pardonnerez de dire que je ne retrouve, dans les
» souvenirs de cette époque, rien qui soit de nature
» à vous armer de défiance contre mes paroles d'au-
» jourd'hui. »

Et s'élevant d'un coup d'aile aux plus hautes considérations politiques, il représente que le jugement à intervenir va donner son caractère définitif à la révolution de Juillet : « L'arrêt que la France attend » de vous doit donc avoir pour elle tout l'intérêt » d'une prédiction, toute la puissance d'une destinée. » Une condamnation capitale serait sans utilité ; elle ne serait pas sans danger :

« Le sang que vous verseriez aujourd'hui au nom » de la sûreté publique, pensez-vous qu'il serait le » dernier? En politique comme en religion, le martyre produit le fanatisme, et le fanatisme produit » à son tour le martyre. Sans doute, ces efforts se- » raient vains, et des tentatives insensées vien- » draient se briser contre une force et une volonté » invincibles ; mais n'est-ce rien que d'avoir à punir » sans cesse, à soutenir les rigueurs par des rigueurs » nouvelles? N'est-ce rien que d'accoutumer les yeux » à l'appareil des supplices, et le cœur aux tour- » ments des victimes et aux gémissements des » familles ?

» Tels seraient les inévitables résultats d'un arrêt » de mort. Le coup que vous frapperiez ouvrirait un » abîme, et ces quatre têtes ne le combleraient pas. » Vous connaissez, Messieurs, le mot d'Eschine à ses élèves, qui applaudissaient avec enthousiasme la lecture d'un discours de Démosthène : « Que serait- » ce, si vous aviez entendu le lion rugir ? » Que serait-ce, vous dirai-je à mon tour, empruntant l'ex-

pression favorite des contemporains, que serait-ce,
si nous avions entendu chanter la sirène? « En pro-
» nonçant ces derniers mots d'un accent solennel et
» prophétique, » raconte le duc de Broglie, « M. de
» Martignac se retourna vers les accusés, les couvrit
» en quelque sorte d'une commisération respec-
» tueuse, et les remit entre nos mains avec un mé-
» lange inexprimable de grâce et d'autorité. Cicéron
» lui-même aurait avoué l'action, le geste et le
» langage. »

Il y eut séance le dimanche 19. En montant au
fauteuil, le président annonça que M. de Peyronnet
avait demandé à prendre la parole avant son défenseur. Laissant de côté tout ce qui concernait
directement l'accusation, l'ancien ministre exposa sa
vie passée et s'efforça de dissiper les préventions
qu'elle avait excitées. Il commença par expliquer son
éloignement invétéré pour les idées libérales : « Le
» premier spectacle auquel j'assistai dans le monde
» fut celui de l'anarchie et des proscriptions. Le pre-
» mier bienfait que je reçus de la puissance publique
» fut l'exil et l'indigence pour moi, la captivité et
» l'échafaud pour mon père. » Il continua ainsi,
racontant son passage au barreau de Bordeaux, rap-
pelant adroitement qu'il avait été nommé magistrat
par M. Pasquier, insistant sur son rôle dans le
cabinet Villèle, et remarquant, non sans raison, que
les projets les plus impopulaires de cette époque

avaient été dictés au ministère par la majorité de la Chambre des députés.

Il s'exprimait avec sa solennité habituelle; mais en passant du banc des ministres à celui des accusés, on eût dit que sa morgue était devenue de la franchise, et sa suffisance de la dignité. Aussi l'impression fut-elle excellente. Écoutez encore le duc de Broglie, jadis son adversaire passionné : « La fermeté » de son âme, la hauteur de son dédain, l'élévation » de ses idées et de son langage me frappèrent » d'admiration, le mot n'est pas trop fort, tout pré- » venu que je fusse contre lui. » Une seule personne dans l'auditoire ne lui rendit pas justice, et il est pénible de constater que ce fut un de ses coaccusés : aussi vous me dispenserez de vous redire les réflexions que ce discours inspira à M. de Guernon-Ranville.

On a prétendu qu'Hennequin, par un défaut qui n'est plus de notre temps, avait trop longuement étudié le procès, et que, le jour de la plaidoirie venu, ce travail excessif avait été pour lui une gêne plus qu'un secours. Quoi qu'il en soit, lui dont la renommée tenait surtout à des causes politiques, il fut incontestablement au-dessous de lui-même dans cette circonstance. Sur l'ensemble terne et monotone de son discours, il ne se détache guère qu'une maladresse. Après avoir parlé des efforts de son client pour arrêter la lutte, il lui échappa de dire qu'il faudrait lui décerner des couronnes. Interrompu par des murmures significatifs, il essaya de réparer le mal en s'écriant dans sa péroraison : « J'ai parlé de » couronnes : c'est aux tombes récemment ouvertes » qu'il faut les offrir. » Mais l'effet fâcheux était produit, et un autre motif d'ailleurs contribuait à le faire écouter avec impatience.

La majorité du public touchait de près ou de loin au monde du barreau. Or, depuis quelque temps, plusieurs avocats de Paris qui allaient plaider à Lyon ou dans les villes voisines, et parmi eux Berryer, Mérilhou, Berville, Hennequin lui-même, revenaient frappés du talent précoce de leur adversaire, un jeune homme de trente ans à peine. Ils avaient recueilli, par eux-mêmes ou par ouï-dire, des traits remarquables de son ascendant sur les magistrats : tantôt il obtenait sur une question de droit un arrêt directement contraire à la doctrine de la Cour de cassation ; tantôt il faisait valider un testament malgré l'avis unanime des trois experts en écriture. Sa mémoire tenait du prodige : il plaidait des affaires hérissées de chiffres sans avoir aucune note devant lui. Sa facilité faisait l'envie de ses confrères et parfois le désespoir de ses clients : témoin cet infortuné qui la veille du jour où devait se décider pour lui à Grenoble un procès de la plus haute importance, avait vu avec terreur son avocat partir pour une excursion dans la vallée du Grésivaudan,

et ne s'était rassuré qu'en l'entendant gagner sa
cause.

Aussi, dès qu'on avait appris que M. de Chantelauze confiait sa défense à Sauzet, l'intérêt avait été
vivement excité, et le 19 décembre, l'auditoire attendait la fin du plaidoyer d'Hennequin avec cette
curiosité sceptique que nous autres Parisiens, nous
avons le tort de professer à l'égard des réputations
de province, tant que nos suffrages ne les ont pas
consacrées.

Le jeune homme se leva, promena ses grands yeux
bleus sur les pairs, et, luttant contre l'émotion qui
faisait trembler sa voix et fléchir sa haute taille, il
exposa qu'à la différence des deux premiers accusés,
M. de Chantelauze avait des antécédents modestes et
un défenseur obscur; que lui-même n'avait pas cru
devoir refuser l'appui de sa parole à celui qui avait
encouragé ses débuts, mais qu'au moment de s'ac-
quitter de cette tâche, il était tourmenté de la crainte
de mal servir son ancien protecteur. Il ne parlait pas
depuis dix minutes que, malgré les observations de
M. Pasquier, il était interrompu par une explosion
d'applaudissements.

Pleinement rassuré, il entama l'éloge de son client,
et évitant l'écueil où venait d'échouer l'expérience
d'Hennequin, au lieu de glorifier en M. de Chantelauze un grand ministre, il vanta, d'après ses propres
souvenirs, le zèle et l'intégrité du magistrat. Puis,
sans s'attarder à discuter le plus ou moins de légalité

de chaque ordonnance, il admit qu'elles avaient toutes dérogé à la Charte. Mais il ajoutait immédiatement qu'en raison de l'imperfection des sociétés humaines, il n'y avait pas de Charte sans article 14, que les Constitutions les plus savamment combinées ne pouvaient exclure l'éventualité d'une dictature, autocratique ou populaire, venant dénouer certaines crises et s'exerçant par les coups d'État ou les révolutions. Après avoir affirmé cette thèse hardie, l'avocat indiqua l'application pratique qu'il entendait en tirer : les circonstances, en juillet 1830, avaient pu nécessiter aux yeux de Charles X et de ses ministres le recours à ce droit exceptionnel.

C'était là le fond même de sa plaidoirie, et c'est ce qu'il développa le lendemain avec une rare audace et un plus rare talent. Il soutint d'abord que la révolution de 1830 prouvait à elle seule, par sa rapidité et son étendue, un antagonisme de vieille date entre la dynastie et le pays. Et refaisant à grands traits l'histoire de la Restauration, il la montrait dès l'origine aux prises avec une opposition systématique, qui combattait tous ses ministres, dénaturait toutes ses intentions, trahissait enfin l'unique désir de renverser le gouvernement. Il évoquait ces brûlants souvenirs avec l'impartialité d'un historien, sans craindre de heurter les préjugés en cours, rendant justice par exemple à la loi de l'indemnité des émigrés. A l'appui de ses affirmations, il citait les chants de triomphe qui avaient suivi les journées de Juillet, les aveux échappés à certains journaux; il citait même, par une malice bien légitime, le discours de M. Persil.

Cette argumentation empruntait une grande partie de sa force au caractère même de l'orateur. Qu'un partisan obstiné de la branche aînée criât à la conspiration, rien n'était plus naturel, et l'extrême droite n'avait pas eu d'autre tactique pendant quinze ans. Mais celui qui parlait professait ouvertement des opinions libérales; sous la Restauration, il avait eu le choix entre les deux postes d'avocat général à Paris et de maître des requêtes au conseil d'État, et il les avait également refusés. Nul ne pouvait donc contester son indépendance, et plus d'un front dut rougir quand il s'écria : « Cet éloge de la dynastie » tombée peut m'être permis, car c'est le premier » qui sort de ma bouche! »

Nous savons aujourd'hui qu'historiquement, la discussion de Sauzet renferme des exagérations évidentes; que l'opposition antidynastique n'a été sous la Restauration que le fait d'une petite minorité, et que Charles X a surtout été détrôné par son aveuglement. Il est néanmoins impossible de relire cette harangue sans admirer l'ampleur de vues qui l'anime : métamorphoser la Révolution de Juillet en un duel fatal et inévitable, c'était là un système de défense dont la conception et le développement dénotaient une intelligence supérieure. Je laisse de côté les détails, la forme : un censeur pointilleux aurait pu reprendre parfois la redondance du style, mais que d'expressions fortes ou charmantes, que de passages brillants ou pathétiques ! Il faudrait vous citer en entier celui qui est consacré à la haine de l'intervention étrangère. Ecoutez ce parallèle, en deux mots, de l'éloquence de M. de Serre et de celle de M. de Martignac : « L'histoire dira que l'un for— » çait les convictions, et que l'autre les amenait à » s'offrir d'elles-mêmes. » Et cette réponse à ceux qui disaient qu'on avait respecté l'irresponsabilité royale en ne poursuivant pas le procès de Charles X : « N'est-ce donc rien pour vous que le roi de France » conduisant, à petites journées, le deuil de la » royauté, traversant les villes pavoisées du drapeau » contraire, obligé de subir le silence, la pitié et » presque le dédain ? »

Sauzet trouva moyen, en finissant, d'être, sur la question politique comme sur les autres, nouveau après M. de Martignac. Usant à propos d'une figure dont l'emploi se fait bien rare de nos jours et dont le nom à lui seul nous paraît sentir son vieux temps, la prosopopée, il mit en scène la jeunesse des départements, s'adressant à celle de Paris et se prononçant, avec autant de modestie que de fermeté, contre une condamnation à mort.

L'enthousiasme, mal contenu depuis le commencement de la plaidoirie, se donna alors libre carrière. Ce n'étaient pas seulement les accusés et les autres défenseurs qui embrassaient Sauzet, les tribunes qui l'acclamaient : les pairs eux-mêmes quittaient leurs places et descendaient dans l'hémicycle pour le féliciter. La gravité du débat, le solennel appareil de la justice, les cris sinistres poussés au dehors, tout avait momentanément disparu au souffle de cette jeune éloquence.

Je ne crois pas, Messieurs, que l'histoire contemporaine fasse mention d'un triomphe plus complet. Etre appelé, à trente ans, à plaider devant le premier corps de l'Etat une cause retentissante, en compagnie d'avocats illustres ; accomplir cette épreuve redoutable de manière à se concilier non pas l'approbation, mais l'admiration du tribunal et de l'auditoire ; voir son nom, inconnu du grand public la veille, porté soudainement aux nues ; en un mot, conquérir l'illustration à cet âge et de cette manière : chacun de nous ne murmure-t-il pas avec le poète :

« Quel rêve ! et ce fut son destin. »

Des esprits trop sages ont prétendu que ce succès même lui avait été fatal ; qu'il l'avait détourné du barreau, où la première place l'attendait, pour l'entraîner vers les chimères décevantes de la politique. Sauzet ne leur eût pas donné raison. Sans doute, sa carrière d'homme d'État fut brisée par une catastrophe d'où l'humiliation n'était pas absente. Mais à travers les tristesses de ses dernières années, le souvenir du 20 décembre 1830 suffisait toujours à ramener un éclair sur son visage. Quelques mois avant sa mort, comme un de ses amis était venu

lui présenter son petit-fils, il disait : « Mon enfant,
» vous vous rappellerez peut-être un jour mon nom,
» en lisant l'histoire du procès des ministres. » Il ne
savait pas jusqu'à quel point sa prédiction serait
réalisée, et comment celui à qui il s'adressait aurait
l'inappréciable honneur de rendre hommage à son
talent dans l'assemblée annuelle du barreau de
Paris.

Il y avait dans la salle quelqu'un dont l'admiration
se mêlait d'une croissante anxiété : je veux parler de
Crémieux.

Depuis longtemps en proie au légitime souci de
rester original en plaidant le dernier et de ne pas
déserter ses opinions ultra-libérales en défendant un
ministre de Charles X, il aurait voulu tirer argument
de la situation particulière de son client et soutenir
qu'il avait signé les ordonnances sous l'empire d'une
véritable contrainte morale. Mais M. de Guernon-
Ranville, jugeant un tel système de défense contraire
à sa dignité, signifia à Crémieux qu'il n'entendait
pas que sa cause fût séparée de celle de ses collègues.

Le tenace avocat n'en persista pas moins à préparer son discours dans le sens où il l'avait d'abord
conçu : puis, au moment de plaider, il communiqua
à voix basse sa résolution à son client, comptant forcer toute résistance par cette sorte de surprise.
M. de Guernon-Ranville lui fit passer un billet pour le

prévenir qu'il l'interromprait au premier mot dirigé contre les autres ministres.

De lourde, la tâche devenait écrasante ; Crémieux ne put la supporter. Sa première phrase fut charmante, et a mérité de rester classique : « J'écoute » encore, et il faut que je parle. » Il trouva aussi un hommage délicat à adresser à ses confrères de la défense : « Le choix du premier est une de ces inspi- » rations que la Providence donne au malheur ; le » second possède un nom brillant que nous sommes » accoutumés à voir figurer dans toutes les discussions » politiques. Quant au troisième, M. de Chantelauze » l'avait entendu plaider : qui voulez-vous qu'il » cherchât ? »

Mais le reste du discours répondit mal à ce début. Après avoir développé des considérations assez banales devant un public assez inattentif, Crémieux se transporta par la pensée dans les siècles à venir, et supposa qu'un voyageur visitait les ruines de Paris ; il s'étendit longuement sur les détails de cette étrange hypothèse, et cherchait sans doute à en tirer une conclusion, quand soudain ses genoux se dérobèrent et il tomba évanoui.

Comme on l'emportait, il rouvrit un instant les yeux, aperçut Hennequin, et avec une présence d'esprit étonnante, le pria d'avertir la Cour que sa plaidoirie était terminée. M. de Guernon-Ranville, interpellé par le président sur le point de savoir s'il considérait sa défense comme complète, eut le bon

goût de répondre affirmativement, sauf à se dédom-
mager dans son journal par une appréciation peu
flatteuse pour son avocat.

M. Bérenger répliqua sur-le-champ : sa modération
offrit un contraste parfait avec l'âpreté vindicative
de son collègue. Il approfondit les questions préjudicielles, démontra encore une fois que la chute de
Charles X laissait subsister toute la responsabilité de
ses ministres, et que le refus d'un seul d'entre eux
aurait peut-être empêché la publication des ordonnances. Il discuta aussi la théorie de Sauzet sur la
dictature temporaire et l'application de l'article 14.

! Ce jour-là, la foule qui entourait le palais avait une
attitude si menaçante, qu'on avait dû battre le rappel
de la garde nationale, et que le bruit du tambour
était arrivé jusqu'à la salle des séances. En vain La
Fayette prodiguait des harangues dont l'effet était
usé. Victor Hugo raconte que, sous ses yeux. « des
» gamins saisirent le général par les jambes, le his-
» sèrent en l'air et se le passèrent de main en main
» en criant avec un organe indescriptible : Voilà le
» général La Fayette ! qui en veut ? » Le vieillard
ahuri répétait bien à tort : « Je ne reconnais plus mon
» peuple de Paris. » Pendant le discours de M. Bérenger, quelques exaltés, remontant la rue de Tournon, tentèrent de forcer la grande porte et furent
difficilement repoussés.

M. Pasquier, prévenu de ces incidents, annonça
que la séance allait être remise au lendemain pour
entendre le troisième commissaire. Mais M. de Martignac fit observer que déjà il avait dû parler immédiatement après M. Persil et qu'il tenait, cette fois,
à avoir la nuit pour préparer sa réplique. La requête
était trop juste, et, de fort bonne grâce, M. Madier de
Montjau se disposa à prendre la parole. Mais les cris
du dehors redoublèrent; M. Molé, montant rapide-
ment au fauteuil, eut un court entretien avec le président. Celui-ci déclara alors à ses collègues que, de
l'avis du chef de la force armée, il valait mieux lever
la séance avant la nuit. En se retirant, plusieurs
pairs furent insultés par la populace, et les attrou-
pements se prolongèrent assez tard.

A la nouvelle de ces incidents, on fut généralement
persuadé que les pairs viendraient le lendemain en
très petit nombre et qu'il faudrait ajourner la suite
des débats. Le soir, au Palais-Royal, M. Pasquier eut
grand'peine à faire partager à la famille royale et
aux membres du conseil une opinion moins pessi-
miste. Il passa ensuite chez lui, pour se concerter
avec quelques collègues sur la rédaction de l'arrêt,
et revint au Luxembourg tenir une conférence avec
plusieurs hauts dignitaires, entre autres le général
de La Fayette et le jeune comte de Montalivet, que
Louis-Philippe venait de déterminer à accepter le
portefeuille de l'intérieur en lui disant : « Vous ne

» voulez donc pas m'aider à sauver les ministres ? »
On décida qu'immédiatement après la clôture des
débats, les accusés seraient reconduits par un chemin détourné à Vincennes, où on leur communique-
rait l'arrêt.

Le lendemain 21, toute la garde nationale de Paris
et de la banlieue était sous les armes. En approchant
du palais, la voiture des commissaires fut arrêtée par
des gardes qui mêlaient à leurs acclamations des im-
précations contre les ministres : pour pouvoir conti-
nuer leur chemin, M. Bérenger et M. Persil durent
se placer chacun à une portière et prêcher le calme
à ces étranges défenseurs de l'ordre. Avant la séance,
M. Pasquier fit venir M. de Martignac et le pria de se
borner à une brève réplique, pour que le départ des
accusés s'effectuât le plus tôt possible.

L'appel nominal constata, au grand honneur de la
Cour, que parmi les membres présents la veille, il
ne s'en était pas trouvé un seul pour se dérober aux
périls de sa mission.

M. Madier de Montjau, récemment nommé procureur général à Lyon, sembla prendre à tâche de riva-
liser avec son collègue de Paris pour la violence et
l'aigreur. La première partie de son réquisitoire fut
dirigée moins contre les accusés que contre Sauzet,
auquel il reprocha d'avoir outrepassé les droits de la
défense. Sous prétexte de le rectifier, il recommença
à son tour l'histoire de la Restauration ; cette accu-

mulation de griefs vulgaires, ces échos d'une polémique mesquine rehaussaient encore la fière impartialité du jeune avocat. M. Madier de Montjau n'épargna pas la mémoire de M. de Serre, au risque de paraître obéir à une rancune personnelle ; il contesta le patriotisme de Charles X, et s'oublia au point de prononcer ces paroles : « Louis XVIII, après » *sa* victoire de Waterloo. ». Revenant aux ministres, il les chargea avec véhémence, et indiqua toutefois d'un mot qu'à défaut de quatre têtes, il réclamait comme un minimum celle du prince de Polignac.

Vers la fin de ce discours, M. Pasquier reçut un message du ministre de l'intérieur. Contrairement aux dispositions arrêtées la veille, La Fayette avait placé des gardes nationaux dans une cour intérieure où devaient passer les accusés, et tout faisait présager qu'ils s'opposeraient au départ. M. de Montalivet demandait un répit pour chercher une autre combinaison.

Le président usa du seul moyen qui fût à sa disposition : il envoya un billet à M. de Martignac pour l'inviter à parler longuement. L'illustre défenseur répondit à cette demande par un prodige de facilité et d'abnégation. Il laissa de côté le plan de courte réplique qu'il venait de préparer d'après la première indication de M. Pasquier, et rentra dans les détails de la cause avec une aisance et une sûreté qui firent illusion à tous les assistants. Mais si un tel effort n'était pas au-dessus de son talent, son visage contracté trahissait de vives souffrances physiques, et lorsqu'après une heure d'habile et éloquent résumé, il dit d'une voix brisée : « Nobles pairs, les forces » manquent à mon zèle », un frémissement sympathique parcourut la salle.

Hennequin précisa un fait assez secondaire. Sauzet fit cette noble réponse à M. Madier de Montjau : « Lorsque je crois inutile de rien ajouter dans l'intérêt » de l'accusé que je défends, ce n'est pas dans » l'intérêt du défenseur que je voudrais élever la » voix. » Crémieux au contraire, qui était ce jour-là en uniforme de garde national, protesta contre la façon dont un journal du matin avait rendu compte de sa plaidoirie. Après quelques mots de M. Bérenger, la séance fut suspendue : il était une heure et demie.

M. de Montalivet exécuta aussitôt l'enlèvement des accusés. Vous me pardonnerez ce mot, Messieurs : je n'en trouve pas de plus juste pour définir l'acte courageux et hardi du jeune ministre. Je voudrais vous le montrer arrachant les prisonniers au concierge qui réclame en vain la levée de l'écrou, les conduisant à une porte dérobée, tandis que des voitures vont ostensiblement stationner dans le jardin pour détourner l'attention, enfourchant enfin le cheval d'un sous-officier et galopant jusqu'à Vincennes en tête de l'escorte. On dirait une page de quelque roman de cape et d'épée égarée dans notre histoire contemporaine. Mais il me faut abréger un récit trop étendu.

M. Pasquier avait provoqué depuis plusieurs jours des échanges de vues entre les plus influents de ses collègues au sujet de la détermination de la peine, car la culpabilité ne faisait pas de doute. Ils furent unanimes à écarter la mort, les travaux forcés et la réclusion. Mais parmi les peines purement politiques, le bannissement parut insuffisant, et la déportation n'avait pas été organisée depuis la promulgation du Code Pénal. On résolut d'y substituer exceptionnellement la détention perpétuelle, avec privation des droits civils. Cette décision préparatoire n'avait été prise qu'après de vifs débats sur les points de détail : ne fallut-il pas discuter longuement avec le premier président Séguier, qui, cédant à je ne sais quel scrupule d'archaïsme, aurait voulu une exposition publique des condamnés sur la place des Tuileries !

Le président et ses confidents n'en étaient pas moins inquiets sur le résultat de la délibération. Les violences des derniers jours pouvaient avoir intimidé certains pairs ; beaucoup d'entre eux avaient reçu des lettres de menaces, leur enjoignant de voter la mort (1). En dehors même du parti démagogique, il

(1) Voici à titre de spécimen, une des nombreuses lettres adressées à M. Pasquier :

« Monsieur le Président,

» Dites à Messieurs les Pairs qu'ils songent bien que le sang des

ne manquait pas de ces esprits conciliants, toujours prêts à ménager une transaction entre la conscience et la lâcheté, pour insinuer que les passions populaires réclamaient une satisfaction, qu'il fallait avant tout prévenir une émeute, et qu'on pourrait sacrifier au moins M. de Polignac. Les officiers de la garde nationale ne se lassaient pas, depuis l'ouverture des débats, de soumettre cette idée à M. Pasquier et à ses collègues. Bien plus, le général Sébastiani, ministre des affaires étrangères, avait vu arriver chez lui quelques jours auparavant les ambassadeurs de plusieurs grandes puissances : ils venaient, dans l'intérêt de l'ordre en France et en Europe, représenter au gouvernement la nécessité d'une condamnation capitale contre M. de Polignac.

La séance secrète s'ouvrit dès que les tribunes eurent été évacuées, et se poursuivit jusqu'à dix heures du soir, avec une suspension d'une demi-heure seulement. Ces hommes, dont beaucoup étaient des vieillards, firent preuve, après six jours de débats, d'une énergie physique et morale au-dessus de tout

» victimes de Juillet, de nos camarades, fume encore, qu'il demande
» vengeance, et que nous n'avons pas oublié comment on dépave
» les rues.

» Un ouvrier, combattant de Juillet.

» Ney a été condamné à mort, et l'avait moins mérité que nos
» assassins. »

éloge (1). « Je ne connais pas d'occasion, » a dit un contemporain, « où le sentiment du devoir ait été » plus fortement présent dans le sein d'une nom- » breuse assemblée. » Au milieu de la délibération, des grondements sourds se firent entendre, et deux pairs, militaires tous deux, s'écrièrent : « Mais c'est » le canon ! » (2) Personne ne bougea, et le vieux Barbé-Marbois, l'un des fructidorisés de Sinnamary, alors âgé de quatre-vingt-cinq ans, se contenta de dire : « Que fait le canon à ce qui nous occupe? »

Il y avait, selon les précédents, deux tours d'opinion sur chaque accusé. La culpabilité fut d'abord admise par 136 voix contre 24 ; les hommes les plus modérés, comme MM. Laîné, Siméon, Mounier, avaient voté avec la majorité. Huit pairs seulement au premier tour et cinq au second (3) demandèrent une condamnation à mort contre M. de Polignac ; encore ne prononcèrent-ils pas le mot fatal, et parlèrent-ils de la peine la plus forte contenue dans le Code. Il y eut un assez grand nombre de voix pour le bannissement; la majorité décréta la détention perpétuelle avec la mort civile, qui parut de nature à faire impres-

---

(1) Un seul n'assista pas au procès jusqu'à la fin, le comte Mollien, qui, saigné le matin du cinquième jour, vint néanmoins à la séance, eut un évanouissement et dut être emporté malgré ses protestations.

(2) Ce bruit, paraît-il, était dû à une porte poussée par le vent dans les combles du palais.

(3) Je ne connais pas de document qui contienne leurs noms; Louis-Philippe les demanda le soir même à M. Pasquier, qui répondit : « Vous ne manquerez pas d'officieux qui vous les apprendront, » mais vous ne les saurez pas du président de la Cour. »

sion sur la foule. Les autres accusés furent également condamnés à la détention perpétuelle, mais 87 voix contre 68 substituèrent pour eux l'interdiction légale à la mort civile.

Le président soumit à ses collègues un arrêt préparé sous sa direction par MM. Portalis, de Bastard et Decazes, et y introduisit quelques modifications qui lui furent demandées. La séance redevint alors publique, et les tribunes se remplirent de gardes nationaux. Les avocats étaient debout devant la place vide de leurs clients ; malgré les supplications de ses amis, M. de Martignac avait tenu à revenir, et cette imprudence aggrava encore sa maladie. M. Pasquier donna lecture de l'arrêt au milieu d'un morne silence, et leva la séance. Presque tous les pairs sortirent par le jardin. La voiture des commissaires descendit la rue de Tournon ; sur le siège, un huissier annonçait la sentence rendue ; en l'écoutant, les gardes nationaux poussaient des cris de rage et brisaient leurs fusils sur le pavé.

Le lendemain matin, à six heures, M. Cauchy était à Vincennes, et lisait l'arrêt aux condamnés. M. de Polignac laissa voir une vive émotion : on répéta beaucoup alors que peu familier avec les termes juridiques, il s'était mépris sur le sens de l'expression de *mort civile*, et avait cru qu'elle désignait la guillotine, par opposition au peloton d'exécution ou *mort militaire* (1). M. de Peyronnet ne dissimula pas son soulagement. Leurs deux collègues demeurèrent impassibles.

Je dois m'arrêter là, Messieurs. C'est à un moraliste qu'il appartiendrait de suivre les ministres prisonniers à la citadelle de Ham. Il constaterait que l'épreuve d'une accusation capitale est plus aisée à supporter avec constance et dignité que celle d'une longue captivité en commun; il prendrait une fois de plus en pitié l'espèce humaine en voyant ces compagnons d'infortune s'aigrir les uns contre les autres, s'absorber dans de mesquines querelles et se fuir à la fin comme des ennemis.

C'est un historien qu'il faudrait pour indiquer les conséquences politiques de la sentence. Il vous montrerait la démagogie tenue en respect, les hommes d'ordre rassurés, l'Europe plus confiante, Louis-Philippe encouragé à persévérer dans la voie de la résistance. En vain Laffitte restait premier ministre : l'avènement de Casimir Périer n'était plus qu'une question de temps.

J'ai lu quelque part (c'était, Dieu me pardonne !

(1) Il convient d'ajouter qu'il n'avait cessé d'envisager l'issue des débats avec une sécurité inconcevable. M. de Martignac disait à un haut personnage : « Les défenseurs sont souvent obligés de mettre » tous leurs soins à calmer, à tranquilliser les accusés, et moi j'ai » toutes les peines du monde à persuader à M. de Polignac que son » procès n'est pas un jeu d'enfants. »

dans un livre signé d'un ancien avocat), j'ai lu qu'au procès des ministres de Charles X il manquerait toujours un grand élément d'intérêt, à savoir l'horreur du dénouement. Je ne m'attarderai pas à discuter ce paradoxe, dont vous avez déjà fait justice : l'éloquence de Martignac et de Sauzet est-elle moins admirable, parce que leurs efforts n'ont pas été superflus ? Non, Messieurs, si l'on veut tenir compte du résultat pour apprécier ces mémorables débats, il faut, et j'y consens de grand cœur, que ce soit pour attribuer aux juges leur légitime part d'éloges ; pour rappeler comment ils ont dédaigné les séductions de la popularité et les menaces de l'émeute ; pour convenir enfin avec M. Guizot qu'il n'y a peut-être pas, dans les annales judiciaires du monde civilisé, de plus bel exemple d'indépendance et de fermeté.

Paris. — Alcan-Lévy, imprimeur de l'Ordre des Avocats

www.ingramcontent.com/pod-product-compliance
Ingram Content Group UK Ltd.
Pitfield, Milton Keynes, MK11 3LW, UK
UKHW022311120726
13694UKWH00004B/1373